Richard Link

Über den Verneinungswahn

Richard Link

Über den Verneinungswahn

ISBN/EAN: 9783744626996

Hergestellt in Europa, USA, Kanada, Australien, Japan

Cover: Foto ©Thomas Meinert / pixelio.de

Weitere Bücher finden Sie auf **www.hansebooks.com**

ÜBER DEN

VERNEINUNGSW[...]

INAUGURAL-DISSERTATIO[...]

ZUR

ERLANGUNG DER MEDICINISCHEN DOCTOR[...]

VORGELEGT DER

HOHEN MEDICINISCHEN FAKULT[...]

DER

ALBERT-LUDWIGS-UNIVERSITÄT FREIBU[...]

VON

RICHARD LINK,

APPROB. ARZT,

AUS COBLENZ.

FREIBURG. I. B.
BUCHDRUCKEREI VON C. A. WAGNER
1895.

Meinen lieben Eltern

gewidmet.

In letzter Zeit ist von französischen Psychiatern viel geschrieben worden über das von ihnen sogenannte délire des négations, auf deutsch Verneinungswahn. Einige typische Fälle derart sind in der hiesigen psychiatrischen Klinik beobachtet worden und sollen am Schlusse dieser Arbeit mitgeteilt werden. Das Hauptziel derselben ist der Versuch, den Ursprung dieser eigentümlichen Wahnideen aufzudecken und ihre Entstehung zu verfolgen.

Unter Verneinungswahn oder nihilistischen Wahnideen, wie man sie auch genannt hat, sollen im folgenden verstanden werden Wahnideen, wornach die Existenz der Personen und Dinge der Aussenwelt, die psychischen Funktionen und die Funktion sowie die Existenz der Organe des eigenen Körpers von den Kranken geleugnet werden. Von deutschen Psychiatern, z. B. Krafft-Ebing (1)*, ist hierfür der Ausdruck delirium negationis gebraucht worden. Es wäre indessen zu wünschen, dass, wie es schon von vielen Seiten geschieht, ein scharfer Unterschied gemacht wird zwischen delirium und Wahnidee, und nicht, wie es französischer Sprachgebrauch ist, delirium oder délire für jede beliebige ins pathologische Gebiet gehörige Idee gebraucht wird. Das Wort delirium kommt von lira, die Ackerfurche; delirare bedeutet sonach ursprüng-

---

* Die Zahlen beziehen sich auf das am Schlusse befindliche Litteraturverzeichnis.

lich: von der Furche, von der geraden Linie abweichen, und im übertragenen Sinne: irre reden, irre handeln mit Trübung des Bewusstseins. Teilweise oder vollständige Aufhebung des Bewusstseins und demgemäss teilweise oder vollständige Amnesie sind das wesentlichste Kriterium des Deliriums. Man spricht daher mit Recht von Intoxikations- und Fieberdelirien. Wahnideen sind dagegen auf krankhafte Weise zustande gekommene Vorstellungen oder Associationen von Vorstellungen, durch welche, falls sie nicht korrigiert werden, das, stets erhaltene, Bewusstsein gefälscht und das Fühlen und Streben in krankhafter Weise beeinflusst wird. Hierher gehören die meisten wahnhaften Aeusserungen der Geisteskranken und auch der Verneinungswahn. Dieser kommt hauptsächlich vor bei zwei grossen Gruppen von Krankheiten, den schwereren Formen der Melancholie, besonders bei der Melancholie mit Angst, und bei Zuständen psychischer Schwäche, wie sie gegeben sind bei Dementia paralytica, Dementia senilis und Alkoholismus.

I. Verneinungswahn bei Melancholie.

Hauptsächlich finden wir hier diese eigentümlichen Wahnideen bei Frauen zwischen dem 40. und 70. Lebensjahre, die somit an der Schwelle des Greisenalters stehen oder diese bereits überschritten haben. Alle von den französischen Autoren Cotard (2, 3), Seglas (4), Régis (5), Arnaud (6) mitgeteilten Fälle betreffen Frauen dieses Alters. Die grössere Disposition des weiblichen Geschlechtes rührt wohl hauptsächlich daher, dass die Frauen überhaupt zur Melancholie ein grösseres Kontingent stellen als die Männer, vielleicht deshalb, weil beim weiblichen Geschlecht das Gefühlsleben eine grössere Rolle spielt als beim männlichen, somit auch ein depressiver Affekt

hier leichter Herrschaft gewinnen kann. Bei genauerem
Nachforschen findet man in den meisten Fällen starke
erbliche Belastung. Auch im individuellen Leben sind
häufig schon vereinzelte Anfälle von Melancholie vor-
gekommen. Deshalb und wegen des höheren Alters stellt
Kraepelin (7), der ein besonderes Krankheitsbild, den
„depressiven Wahnsinn", beschrieben hat mit stärkerer
und reichlicherer Ausbildung von Wahnideen, darunter
auch nihilistischen, bei melancholischer Verstimmung, diesen als Reaktionsweise eines nicht mehr ganz „rüstigen"
Gehirns auf eine Erkrankung an Melancholie hin, als
den Uebergang zwischen gewöhnlicher Melancholie und
der senilen Degeneration, als die typische Psychose des
Klimakteriums, neben der Melancholie. Halten wir vor-
läufig daran fest — später werden wir auf die Frage der
Klassifikation noch näher einzugehen haben —, dass der
Verneinungswahn als Symptom bei erblich belasteten von
Melancholie befallenen Frauen höheren Alters vorkommt
und verfolgen wir zunächst seine Entwicklung und Entstehung.

Nach der jetzt herrschenden Anschauung der deutschen Psychiater bilden die Grunderscheinung im melancholischen Irresein die schmerzliche nur ungenügend oder
gar nicht motivierte Verstimmung und eine allgemeine
Erschwerung bis zur Hemmung der psychischen Bewegungen (Gefühle, Vorstellungen und Strebungen). Beide
sind nach Krafft-Ebing (1, S. 327) als koordinierte Erscheinungen aufzufassen, beruhend auf einer Ernährungs-
störung (Anaemie) des psychischen Organs. Séglas (8,
S. 11 ff.) führt die Melancholie zurück auf alle möglichen
Organerkrankungen, Aenderung des Blutes, Verlust des
Appetits, schlechten Ernährungszustand, vasomotorische
Störungen und solche der Respiration und der Geschlechts-

— 8 —

sphäre, Erschöpfung des Nervensystems, aus denen dann allgemeines Missbehagen, Niedergeschlagenheit, Schwächung der Willensthätigkeit, Furcht und schmerzliche Gefühle hervorgingen. Er führt eine Kranke an, die drei Jahre lang an derartigen Störungen litt, bis sie von Melancholie befallen wurde. Demgegenüber ist zu bemerken, dass allerdings sehr häufig Funktionsanomalieen der verschiedensten Organe im Beginne der Melancholie beobachtet werden, dass sie aber unmöglich die alleinige Basis für dieselbe bilden können, da das Mass der psychischen Verstimmung bei einer richtigen Melancholie weit über das hinausgeht, was an Missbehagen und selbst Schmerzen durch körperliche Störungen hervorgerufen werden kann. Ein normal funktionierendes Gehirn wird derartige Anomalieen in natürlicher Korrespondenz mit ihren Ursachen percipieren und beurteilen. Zum Ausbruch einer Melancholie gehört in solchen Fällen stets eine Disposition des Gehirns, durch welche die psychische Verstimmung weit über das natürliche Mass hinaus gesteigert wird. Eine begünstigende Rolle kommt solchen körperlichen Störungen in vielen Fällen sicher zu, oft wirken sie sogar als Veranlassung zum Ausbruche der Melancholie.

Der Kranke ist von einer psychischen Verstimmung überwältigt, er hat die Empfindung einer tiefgreifenden Veränderung seines Seelenlebens. Er unterzieht seine früheren und seine jetzigen Handlungen einer peinlichen Kritik: bald hat er hier einen grossen Fehler begangen, dort hätte er etwas besser machen können. Er hält sich für einen verworfenen Menschen, entsprechend seinem früheren Ideenkreise ist er verdammt, ja von einem bösen Geiste besessen. Im weiteren Verlauf der Krankheit treten dann Verneinungsideen auf, zunächst solche,

die sich auf die Existenz der Dinge und die Vorgänge
der Aussenwelt beziehen.

Es giebt keine Präfekten, keine Notare mehr; niemand stirbt, niemand wird geboren, niemand heiratet
mehr. Paris existiert nicht mehr, überhaupt nichts existiert mehr. Frühling, Sommer, Herbst und Winter
haben aufgehört. Die Kranke erkennt ihren Gatten, ihre
Kinder nicht mehr, behauptet niemals verheiratet gewesen
zu sein, nie Kinder gehabt zu haben. Die besuchenden
Aerzte, die Personen der Umgebung sind nur „Schatten".
Zeigt man ihnen eine Blume, so erwidern sie: „Das ist
keine Blume, das ist nur der Schein einer Blume". Ein
Tisch ist nur die Erscheinung eines Tisches.

Die Wahnideen dieser letzteren Art, nach denen also
die Gegenstände wohl erkannt werden, ihnen aber die
objektive Existenz abgesprochen wird, sucht Toulouse (9)
folgendermassen zu erklären: Da die Sinnesfunktionen
selbst in keiner Weise verändert sind, da die Kranken
keinen Fehler im Gesichts- oder Gehörapparat u. s. w.
haben, so muss die Störung im psychischen Organ selbst
liegen. Wir können nun annehmen, dass bei den Melancholikern die Gesichts-, Gehörs-, Geschmacks-, Geruchs-,
Tast- und wohl auch die Gemeingefühls-Erinnerungsbilder,
die Residuen früherer Wahrnehmungen, vernichtet, und
die Kranken somit ausser stande sind, Gesichtseindrücke
u. s. w. wiederzuerkennen. Aus dieser „partiellen Negation" folgt dann, dass die Kranken die Existenz der
Gegenstände überhaupt leugnen. Sie sind zu vergleichen
mit Wortblinden, wie wir Deutsche sie nennen, die wohl
die einzelnen Striche der geschriebenen Worte sehen,
aber keinen Sinn in diese Striche hineinlegen können.
Wie für diese Kranken die geschriebenen Worte, so hat
für die négateurs die umgebende Welt keinen Sinn mehr;

sie vermögen sie nicht mehr zu begreifen. Trotzdem sind sie fähig, die Elementareigenschaften der Körper aufzufassen, sie sehen ihre Form und Farbe, sie bemerken ihren Geruch, sie hören die Geräusche. Ihnen fehlt aber die Fähigkeit, diese Sensationen zusammenzufassen, sie mit anderen zu verbinden, d. h. sie in eine Idee, die des wahrgenommenen Körpers, umzuformen. Lädiert ist bei ihnen die „perception mentale". Aber nicht alle Erinnerungsbilder sind verschwunden, einige können noch mit den neu hinzutretenden Empfindungen verbunden werden, und so ist es möglich, dass ein vages Wiedererkennen stattfindet. Diese Vereinigung mit früheren Erinnerungsbildern ist aber nicht hinreichend dazu, dass dem Gegenstande reale Existenz zuerkannt wird. Wenn das Individuum sagt: „Das ist keine Blume, das ist nur die Erscheinung einer Blume", so muss man wohl zugeben, dass es mutmasst, was eine Blume ist, und dass der Gegenstand, welchen man ihm zeigt, Eigenschaften hat, welche sich denen einer Blume nähern.

Dies ist in kurzen Zügen die Ansicht von Toulouse. Thatsächlich kommt dieser Verlust der Erinnerungsbilder unter pathologischen Verhältnissen vor, wie auch die Untersuchungen Munks beweisen. Die von ihm sogenannte Seelenblindheit und Seelentaubheit sind Zustände, in denen die Erinnerungsbilder von früher verloren gegangen sind, sodass die Gegenstände der Aussenwelt wohl noch gesehen, aber nicht mehr erkannt werden können. Der Akt des Wiederkennens beruht eben auf der Verbindung einer Vorstellung mit früheren Erinnerungsbildern. Die Hunde, denen Munk gewisse Gehirnpartieen herausgenommen hatte, erkannten die Peitsche nicht mehr und hatten demnach keine Furcht mehr davor. Leichtere Veränderungen im Occipitalhirn und auch in der Gegend des gyrus angularis beim Menschen bewirken, dass der Patient die Gegenstände zwar sieht, aber nicht mehr ihre Bedeutung erkennt und sie daher gar nicht oder in der verkehrtesten Weise gebraucht. Bekannte Personen erkennt er nicht mehr oder erst aus dem Klang der Stimme, falls der Schläfenlappen noch intakt ist. Homologe Erscheinungen beobachtet man bei Erkrankungen des Schläfenlappens bei der sogenannten Seelentaubheit oder Worttaubheit. Gerade auch bei der Melancholie kommen, wie Cotard (10) berichtet, solche Zustände von „perte de la vision mentale" vor. Cotard berichtet zwei derartige Fälle, von denen der erste besonders typisch ist. Der Kranke hatte, von einer schweren Melancholie mit Verneinungswahn befallen, die Fähigkeit verloren, sich Gegenstände, die ihm sonst sehr vertraut gewesen waren, wieder vorzustellen. In gesunden Tagen hatte er, wenn er die Augen schloss, sich den Anblick der Häuser, Läden, Strassen und Thore einer Stadt, in der er lange gelebt hatte, ins Gedächtnis zurückrufen können. Jetzt hatte er diese Fähigkeit ganz verloren. Nicht einmal das Haus, das er lange bewohnt hatte, vermochte er sich mehr vorzustellen. Das Gesicht seiner Frau erschien ihm noch für Momente, aber nur undeutlich. Patient hatte somit die Erinnerungsbilder respektive die Fähigkeit, sie sich ins Bewusstsein zurückzurufen, verloren.

Nun kann aber die Leugnung der Existenz eines Gegenstandes unmöglich, wie Toulouse will, darauf beruhen, dass die betreffende Vorstellung nicht mehr mit früheren Erinnerungsbildern assoziiert werden könne. Denn dann müssten wir jedem uns durchaus neuen Gegenstande, von dem wir ja kein Erinnerungsbild haben können, einfach die Existenz absprechen, ja ein Kind, das zum ersten Male einen Gegenstand sieht, könnte ihm nie-

mals reale Existenz zuerkennen, da es ja kein Erinnerungsbild daran haben kann. Auf den Erinnerungsbildern
beruht allerdings das Wiedererkennen, aber keineswegs
die Anerkennung der realen Existenz eines Gegenstandes.
Um die Entstehung dieser eigentümlichen Wahnideen zu erklären, müssen wir uns die Frage vorlegen:
Unter welchen Umständen legen wir Wahrnehmungen
objektive Realität bei? Alle sonstigen erkenntnis-theo-
retischen Erörterungen, was diese objektive Realität eigent-
lich ist u. s. w., sollen hier ausser Acht bleiben. Solche
Fragen haben übrigens ihren guten Grund in der einfachen Erwägung, dass wir uns zunächst blos unserer
Vorstellung bewusst sind, und dass zwischen einer blossen
Vorstellung, einem psychischen Gebilde, und der objektiven Realität, die wir ihr zuerkennen, ein fundamentaler
Unterschied besteht.

Nach Wundt (11, S. 378 ff.) haben wir eine unmittelbare Gewissheit blos von den Empfindungen, die uns als
nicht bestreitbare Thatsache unseres Bewusstseins gegeben sind. So ist die Empfindung blau, die wir beim
Anblick des Himmels in uns finden, uns unmittelbar gewiss. Diese subjektive, unmittelbare Gewissheit giebt die
Grundlage ab für alle objektive Gewissheit, für die gemeine und für die wissenschaftliche Gewissheit.

„Der Uebergang von der subjektiven Gewissheit zur
objektiven vollzieht sich allmälig, und die erste Station
auf diesem Wege ist die Wahrnehmung. Nicht jede
Vorstellung, in der sich in unserem Bewusstsein ele-
mentare subjektive Zustände vereinigen, gilt uns als
Wahrnehmung, sondern nur dann geschieht dies, wenn
wir als zweifellos voraussetzen, dass der Vorstellung ein
Objekt entspreche. Die Wahrnehmung ist, wie es der
Name andeutet, das als wahr angenommene. In diesem

Sinne reden wir mit Recht sowohl von inneren wie von äusseren Wahrnehmungen. Jeder subjektive Zustand unseres Bewusstseins ist als solcher Gegenstand unserer inneren Wahrnehmung. Als äussere Wahrnehmungen gelten uns dagegen stets diejenigen Vorstellungen, denen wir unmittelbar eine gegenständliche Existenz in der Aussenwelt geben. Es ist zu beachten, dass wir solche objektive Wahrnehmungen gar nicht unmittelbar zugleich als subjektive Zustände unsres Bewusstseins auffassen. Die Vorstellung des gesehenen Gegenstandes ist eins mit dem Gegenstand selber; erst eine nachträgliche Reflexion unterscheidet diesen von seinem subjektiven Bilde. Das nächste Kennzeichen aber, nach welchem wir den Gegenstand der äusseren von der inneren Wahrnehmung trennen, ist seine Unabhängigkeit von unserem Bewusstsein, wie sie in dem Zwang sich verrät, welchen die äusseren Objekte dem Verlauf unserer Vorstellungen auferlegen.

Dieses nächste Kennzeichen einer objektiven Existenz stellt schon innerhalb der Erfahrungen des praktischen Lebens als ein vielfach trügerisches sich heraus, und es treten daher nun zwei weitere Kriterien zu demselben hinzu. Diese bestehen in der Uebereinstimmung der Wahrnehmungen und in der Uebereinstimmung der Wahrnehmenden miteinander. Sobald uns der äussere Zwang, den wir bei jeder objektiven Wahrnehmung empfinden, nicht mehr zureichende Sicherheit bietet, nehmen wir zunächst die Konstanz, mit der bestimmte Gegenstände in zeitlich verschiedenen Wahrnehmungen sich uns aufdrängen, und sodann die Zustimmung anderer zu unseren eigenen Wahrnehmungsresultaten zu Hülfe. Auf diese drei Merkmale, den Zwang der äusseren Wahrnehmung, die Uebereinstimmung der Wahrnehmungen und der wahrnehmenden Subjekte untereinander, beschränkt sich vollständig die gemeine Gewissheit, deren wir uns überall im praktischen Leben bedienen. In der ungeheuren Mehrzahl der Menschen regt sich niemals der Gedanke, dass man andere Kriterien der Wahrheit als diese verlangen könne, und selbst ihrer werden sie sich nur unvollständig bewusst. Jedes dieser Kennzeichen hat übrigens den Charakter eines Hülfsmerkmals zu dem ihm unmittelbar in der Reihe vorangehenden. Dem Zwang der Wahrnehmung, der für die tierischen Intelligenzen wahrscheinlich zur Gewissheit ausreicht, dient die wechselseitige Kontrole der Wahrnehmungen als Ergänzung, und diese wird ihrerseits wieder erst durch eine wechselseitige Kontrole verschiedener wahrnehmender Subjekte vervollständigt."

Bei einem Melancholiker nun, der z. B. behauptet, wenn ihm eine Blume gezeigt wird: „Das ist keine Blume, das ist nur der Schein einer Blume", werden wir nun wohl annehmen können, dass der „Zwang der Wahrnehmung", die „sinnliche Betonung", wie andere es genannt haben, nicht genügend ist, dass der Vorstellung äussere Realität zuerkannt werde. Alle die von den Sinnesorganen und ihren Hilfsapparaten herrührenden Erregungen, welche eine Empfindung begleiten, die Bewegungsempfindungen der Augenmuskeln, die Muskelgefühle, die uns von dem Offensein der Lidspalte unterrichten, die Sensation, die uns das Vorhandensein eines „physiologischen Reizes" in dem betreffenden Sinnesorgane mitteilt, alles dies wird hier mangelhaft oder gar nicht percipiert. — Interessant ist in dieser Beziehung die Aeusserung einer an Melancholie leidenden Kranken von Séglas (8, S. 19), die allerdings blos hypochondrische Verneinungsideen darbot, dass sie nicht mehr die Bewegungen ihrer Augen fühle; um sie zu drehen, müsse sie ihren Kopf drehen. — So kann, wenn die Aufmerksamkeit des Kranken auf einen Gegenstand gelenkt wird, dieser wohl erkannt, ihm aber die objektive Realität abgesprochen werden.

Dazu kommt, dass das zweite Kriterium, durch das wir neben dem ersten veranlasst werden, einer Wahrnehmung eine entsprechende reale Existenz zuzuerkennen, nämlich die Kontrole der Wahrnehmungen untereinander, hier nur in sehr unvollkommener Weise sich findet. Die Wahrnehmungen werden nicht mehr untereinander kontroliert, weil die kritische Befähigung des Individuums beträchtlich abgenommen hat. Eine Verminderung der Urteilsfähigkeit bis zu ihrer gänzlichen Aufhebung ist notwendig, damit überhaupt eine Wahnidee zustande komme. Absurde Ideen tauchen auch dem geistig Gesunden zuweilen auf, werden aber sofort korrigiert. Der Traum ist ja deshalb dem Wahnsinn so verwandt, weil die Kritik fehlt, die im wachen Zustande die geistige Persönlichkeit an den auftauchenden Vorstellungen übt. Ebenso ist auch der Rausch, ein anderer dem Irrsinn analoger Zustand, durch mangelhafte Urteilskraft ausgezeichnet. Die Abnahme der Urteilsfähigkeit in unserem Falle ist nun durch zwei Momente veranlasst. Einerseits ist eine gewisse psychische Schwäche vorhanden, da die zugleich erblich belasteten Individuen an der Schwelle des Seniums stehen; andererseits ist das geistige Leben beherrscht durch den übermächtigen traurigen Affekt, und es ist eine bekannte Thatsache, dass in düsterer Stimmung das nüchterne, klare Urteil, das einer sonst haben mag, beträchtlich leidet. Eine grosse Bedeutung kommt dann hier sicher noch dem Umstande zu, dass der Vorstellungsablauf erheblich verlangsamt ist wegen der Hemmung der psychischen Vorgänge überhaupt. — Das dritte von den oben erwähnten Kriterien endlich, die Kontrole der Wahrnehmungen durch andere wahrnehmende Subjekte, kommt hier naturgemäss nicht in Betracht.

Neben diesen drei Kennzeichen, wegen deren wir einer Wahrnehmung eine entsprechende reale Existenz zuerkennen, nämlich dem Zwange der sinnlichen Wahrnehmung, der Kontrole der Wahrnehmungen und der Wahrnehmenden untereinander, spielt nun aber bei unseren Wahrnehmungen ein zweites Moment eine wichtige Rolle: das ist die Betonung der Wahrnehmungen mit Lust und Unlust, woraus zum Teil das Interesse entspringt, das eine Wahrnehmung uns einflösst. Was uns nicht interessiert, das sehen wir sehr häufig auch gar nicht, das existiert in dem Zeitpunkte nicht für uns. Nun tritt bei einer Melancholie wegen des beständigen depressiven Affektes allmälig eine Abnahme der Gefühlsbetonung bis zur vollständigen „Gefühlsvertaubung" ein, die Kranken interessieren sich für nichts mehr. Die Aussenwelt ist ihnen gleichgültig, sie hat keinen Wert mehr für sie. Dies ist sicher die Hauptursache für Wahnideen, wie die oben erwähnten: es giebt keine Jahreszeiten mehr, Paris, die ganze Welt existiert nicht mehr, ich habe keine Eltern, keinen Gatten, keine Kinder mehr, meinen Namen habe ich verloren. Diesen Zusammenhang drückt Krafft-Ebing (1, S. 341) bei der Besprechung der Melancholie mit Wahnideen und Sinnestäuschungen folgendermassen aus: „In den höchsten Graden der psychischen Anaesthesie, da wo auch Sinneswahrnehmungen keine Betonung mehr erfahren, erscheint die Aussenwelt nur noch als eine Schein- und Schattenwelt und erweckt trübe Wahnideen allgemeinen und persönlichen Untergangs".

Eine ähnliche Stelle bei Griesinger (12, S. 228) wird

auch von französischen Autoren mehrmals citiert: „Nicht
selten findet sich in der einfachen Melancholie ein Zustand des Sensoriums, . . . wobei die Gegenstände der
Aussenwelt, sofern sie durch die Sinneseindrücke zum
Bewusstsein kommen, zwar richtig aufgefasst und unter-
schieden werden, aber einen von dem sonst gewohnten
wesentlich anderen Eindruck hervorbringen, von dem nur
verständigere und gebildetere Kranke Rechenschaft geben.
„Es scheint freilich, sagen solche Melancholische, dass
alles um mich noch ebenso ist wie früher, aber es muss
doch auch anders geworden sein; es hat noch die alten
Formen, es sieht wohl alles noch ebenso aus, aber es
ist doch wieder mit allem eine grosse Veränderung vor
sich gegangen etc." Diese Verwechslung des subjektiv
veränderten Verhältnisses des Kranken zur Welt mit
deren objektivem Anderssein ist der Anfang eines Traum-
zustandes, in dessen höchsten Graden es dem Kranken
zu Mute ist, als sei die reale Welt ganz versunken, untergegangen oder ausgestorben, und nur eine Schein- und
Schattenwelt übrig geblieben, in der er zur eigenen Qual
fortzuexistieren habe. Bei der Besprechung der Herab-
setzung der Anschauungsthätigkeit hebt Emminghaus
(13. S. 111 f.) diesen Zustand mit folgenden Worten hervor: „Ich sehe, ich höre, ich fühle, aber ich bin nicht
mehr wie sonst, ich fasse die Gegenstände nicht auf, sie
identifizieren sich nicht mit meinem Wesen", so sprechen,
wie schon Esquirol hervorgehoben hat, viele Melancholiker; anderen Kranken ist es, als ob die umgebende
Welt eine Scheinwelt sei, die Personen erscheinen als
Figuren, Automaten, Puppen, die sonstigen Gegenstände
als Attrapen, alles Aeussere hat sich überhaupt v e r -
ä n d e r t. Die Einschränkung der Apperception äusserer
Eindrücke erreicht ihren höchsten Grad in der Melan-

cholie mit Stumpfsinn, bei welcher die Aussenwelt für
den Kranken schliesslich gar nicht mehr existiert".

Aehnlich ist auch der Gedankengang von Séglas (8),
der das Hauptgewicht auf die Veränderungen legt, welche
die Persönlichkeit des Kranken, besonders die affektive
Seite derselben, durch die Melancholie erfährt. Die
Gegenstände machen ihm infolgedessen „impressions con-
traires" und so kommt er schliesslich zur Leugnung ihrer
Existenz.

Den Uebergang zur anderen Gruppe von Verneinungs-
Wahnideen, den hypochondrischen, bilden solche, nach
denen die Kranken ihre Intelligenz verloren haben, nicht
mehr denken, fühlen, wollen und handeln können, keine
Seele mehr haben. Sie sind lediglich der Ausdruck der
psychischen Hemmung, die der Kranke empfindet.

Eine andere Art von Verneinungsideen, die, wie
Séglas (8, S. 18) bemerkt, später auftritt, als die auf die
Existenz der Objekte der Aussenwelt bezüglichen, sind
solche, nach denen die Kranken die Funktion und die
Existenz der Organe des eigenen Körpers negieren. Das
Herz schlägt nicht mehr, ist nicht mehr an seiner nor-
malen Stelle. Die Kranken haben keine Arme, keine
Beine, kein Herz, kein Gehirn mehr, keinen Magen und
keine Därme mehr. Was sie essen, fällt in ein Loch.
Diese Ideen sind, wie die französischen Autoren mit
Recht betonen, durchaus hypochondrischer Natur und
zwar zeigen sie den höchsten Grad der Hypochondrie an.
Denn das Persönlichkeitsbewusstsein muss schon ausserordentlich gelitten haben, wenn solche Ideen Platz greifen
können. Nach Séglas (8) kommen sie dadurch zustande,
dass die Organempfindungen, überhaupt die allgemeine
Sensibilität, die das Zustandekommen des Persönlichkeits-
bewusstseins bewirken, verändert sind und so sich Ideen

der Veränderung und schliesslich der Nichtexistenz der
Organe bilden, da das Persönlichkeitsbewusstsein des
Kranken alteriert ist. Indessen genügen abnorme Sensationen allein noch nicht dazu, dass die Existenz eines
Organs völlig geleugnet wird. Wir müssen vielmehr
wohl annehmen, dass die von den Organen ausgehenden
Erregungen, seien es normale, seien es pathologische, in
den betreffenden niederen Centren, in denen diese einfachen Empfindungen zustande kommen, nicht mehr percipiert werden. Diese Annahme ist gerechtfertigt dadurch,
dass, wie oben auseinandergesetzt wurde, Hemmung der
psychischen Bewegungen überhaupt ein Charakteristikum
der Melancholie ist. Wenn nun dem Bewusstsein diese
Erregungen nicht mehr zugehen, so entsteht eine Lücke
in dem Bilde, das der Kranke von seinem Körper hat.
Die Empfindung der Lücke in seinem Körperbilde beantwortet er nun damit, dass er die Existenz des betreffenden Organs leugnet.

Wieder ist es der Zwang der sinnlichen Wahrnehmung, der uns veranlasst, diesem Bilde objektive Realität
zuzuerkennen. Wenn unter gewöhnlichen Verhältnissen
auch die Erregungen, die die Gemeingefühle etc. hervorrufen,
nicht stark sind, so dauern sie dafür doch beständig an.

Das Bild seines Körpers, das ein Erwachsener hat,
stammt übrigens wohl kaum, wie Séglas will, von der allgemeinen Sensibilität, von den Organempfindungen u. s. w.
her. Ein von Geburt an Blinder wird jedenfalls ein anderes
Bild seines Körpers haben, wie jemand mit normalem Ge-
sichtssinn. Gesichtswahrnehmungen spielen hierbei eine
grosse Rolle. Der Schluss nun, den der Kranke aus der
fehlenden oder mangelhaften Perception der gewohnten Or-
ganempfindung zieht, dass das betreffende Organ fehle oder
nicht mehr funktioniere, wird dann nicht korrigiert, weil aus

den oben angeführten Gründen die Urteilsfähigkeit herabgesetzt ist. Zuweilen kommt es trotzdem infolge derartiger Wahnideen zu Nahrungsverweigerung, indem der Kranke daraus, dass er keinen Magen, keine Därme mehr zu haben glaubt, den Schluss zieht, nun auch nicht essen zu können. Es ist dies ja eine Schlussfolgerung, zu der keine grosse logische Fähigkeit gehört. Die Associationsbahn zwischen der Vorstellung des Magens und der des Essens ist so „ausgeschliffen" durch die tägliche Gewohnheit, dass sehr wohl trotz des trägeren Associationsverlaufes und der mangelhaften Urteilsfähigkeit eine derartige Schlussfolgerung gezogen werden kann.

Der Schluss, den ein Melancholiker macht, wenn er behauptet, er habe ein Organ nicht mehr, ist der umgekehrte, den etwa ein Amputierter zieht, der bei irgend welchen Reizungen der Nerven, speziell des n. saphenus, seines Amputationsstumpfes behauptet, Schmerzen im grossen Zeh zu empfinden. Er ist gewohnt, die Erregungen der betreffenden Nervenfasern damit zu beantworten, dass er die erregende Ursache in den grossen Zeh verlegt, in seinem Körperbilde lokalisiert er hier die entstehenden Empfindungen, selbst wenn der betreffende Körperteil fehlt. Er „empfindet" einen grossen Zeh, den er nicht mehr hat, der Melancholiker empfindet nicht einen Magen, den er noch hat. Nur wird der Amputierte diesen Fehlschuss sofort korrigieren, während der Melancholiker dies nicht thut.

Eine wichtige Bestätigung dafür, dass die von den Organen herrührenden Erregungen nicht mehr oder nur mangelhaft percipiert werden, bildet die bei Melancholie überhaupt, besonders aber bei den schwereren Formen, von denen hier die Rede ist, beobachtete Analgesie. Geht dieselbe doch in vielen Fällen soweit, dass die

Kranken sich auf die schrecklichste Art selbst verstümmeln, sich z. B. das Auge mit den Fingern aus dem Kopfe herauswühlen können, dass sie die schauderhaftesten Selbstmordversuche zu machen imstande sind. Diese Analgesie ist zweifellos central bedingt und zwar wohl durch die fehlende Perception der von der Haut, den Organen herrührenden Reize. Wir werden daher annehmen können, dass ebensowenig, wie diese sonst Schmerz hervorrufenden starken Reize, ebensowenig und noch weniger die weniger intensiven, von den Organen für gewöhnlich ausgehenden Erregungen percipiert werden.

In sehr vorgerückten Fällen kommen manche Kranke dazu, augenscheinlich auf Grund hypochondrischer Verneinungsideen, die Existenz ihres Körpers zu leugnen. Sie sind tot. Ein junger Mann, den Séglas (8, S. 19) erwähnt, glaubte seit zwei Jahren tot zu sein. Er äusserte: „Ich existiere, aber ausserhalb des realen, materiellen Lebens und trotz meiner, nichts hat mir den Tod gegeben. Alles ist mechanisch bei mir und vollzieht sich unbewusst". Eine andere Kranke sagte: „Es scheint, dass ich tot bin. Es ist wahr, dass ich spreche, dass ich gehe, dass ich arbeite, aber nur wie ein Automat". Eine in der hiesigen Klinik beobachtete Kranke wehrte eine körperliche Untersuchung mit den Worten ab: „Es ist alles tot in mir".

Neben diesen Kranken, die ihr Leben negieren, die also blos noch eine Scheinexistenz führen, stehen andere, die behaupten, unsterblich zu sein. Es gehört diese Idee, die im Grunde genommen auch eine Verneinungsidee ist, mit zu den eigentümlichen Grössenideen, die bei schwerer Melancholie zuweilen auftreten; Cotard (14) hat für sie 1888 den Namen délire d'énormité vorgeschlagen, um sie von anderen Grössenideen zu unterscheiden. Sie tragen nämlich ganz das düstere Gepräge des Bodens, auf dem sie erwachsen sind. Der Kranke ist gross und allmächtig im Bösen. Er hält sich für die Ursache alles Uebels, das in der Welt existiert. Er ist Satan, der Antichrist, er besitzt eine höllische Macht. Die geringsten Akte der Kranken haben ungeheure Wirkungen. Wenn sie urinieren, wird die Erde in einer neuen Sündfluth ertrinken. Die Kranke von Armand (6) behauptete, ihre Exkremente bedeckten fast die ganze Erde. „Sie steigen zum Himmel; sie entleert deren genug, um mehrere Häuser damit zu füllen". Interessant wegen der Grössenideen und auch wegen eigentümlicher Verneinungsideen ist eine Krankengeschichte von Séglas und Sourdille (4), von der ein kurzer Auszug hier Platz finden mag.

Patientin 52 J. alt, belastet. Status u. decursus vom November 1892 ab. Im Verlauf einer Melancholie treten eigentümliche Wahnideen auf:

Am 28. April 1892 ist durch ihre Schuld die Welt untergegangen. Seitdem ist alles tot, die Erde bringt nichts mehr hervor, die Personen ihrer Umgebung sind alle tot. Sie haben das Aussehen von Lebenden und sind doch tot. Ihretwegen müssen alle Toten arbeiten und leiden. Sie ist auch dafür verantwortlich, alle die Heiraten verhindert zu haben, die seit dem von ihr verschuldeten Ende der Welt hätten geschlossen werden können. Dadurch ist sie die Veranlassung dafür, dass auch keine Geburten seitdem mehr stattfanden.

Seit dem Ende der Welt ist kein natürliches Ereignis mehr eingetreten. Der letzte natürliche Schnee ist 1891 gefallen. Es giebt keine Menschen mehr auf der Erde, keine Weissen, keine Neger mehr, kein Afrika, kein Amerika, keine Sterne, keine Bäume, keinen Frühling, keinen

Winter, keine Jahreszeiten mehr. Die Bäume sind wohl
noch Bäume, aber sie sind nicht mehr wie früher, sie sind
tot. „Alles was existiert, existiert nicht, sagt sie, oder
vielmehr alles was existiert, existiert, aber alles was man
sieht, existiert nicht". Sie wird niemals sterben. Gott wird sie nicht sterben
lassen, er wird sie lange auf der Erde lassen, um sie zu
strafen, und wird sie in die grosse Hölle stürzen, denn sie
ist für die Ewigkeit verdammt. Sie wird ungeheuer be-
straft werden.

Sie bezieht ihre Zeitangaben auf den Zeitpunkt des
Weltunterganges. Sie war damals 52 J. alt, hatte mit
ihrem Gatten 28 J. lang zusammen gelebt, ihr Sohn war
beim Weltuntergang 25 J. alt. Seitdem giebt es keine
Jahre, keine Jahrhunderte mehr. Als man ihr das Datum
einer Zeitung zeigt, behauptet sie, das sei falsch. Das
Jahr 1892 sei seit Tausenden von Jahrhunderten verflossen.
Die Erde bringt seit dem Weltuntergange nichts mehr hervor, und nichts, nicht einmal das Papier, auf dem der Arzt
schreibt, existiert. Trotz alledem hat sie einen richtigen
Zeitbegriff. Als der Arzt der Wärterin sagt, sie solle ihr
ein Bad geben, sagt die Kranke: „Ich habe schon gestern
eins gehabt". Dann fügt sie sofort hinzu: „Gestern?
Was sag ich? Es ist vielleicht zwei Jahrhunderte her".

Solche Grössenideen sind der höchste Grad des
melancholischen Versündigungswahns. Das ganze Ge-
bahren der unglücklichen, verzweifelten Kranken ist
durchaus verschieden von dem der Kranken mit gewöhn-
lichem Grössenwahn. Natürlich ist, wie beim Verfolgungswahn, auch in diesen Grössenideen Selbstüber-
hebung ausgesprochen.

Die Wahnidee, unsterblich zu sein, gehört, wie schon
oben erwähnt, auch zu diesen melancholischen Grössen-

ideen. Sie ist im Grunde genommen eine Art von Verneinungsidee, die auf verschiedene Weise entstehen kann.
Sie ist zuweilen direkte Folge von hypochondrischen
Wahnideen, indem die Kranken glauben, wegen ihrer
veränderten Organisationsverhältnisse nicht sterben zu
können. So behauptete die Kranke von Régis (5), nicht
sterben zu können, weil sie von Stein, weil sie eine
Statue sei. Deshalb muss sie ewig die Last ihres Un-
glücks tragen, worüber sie untröstlich ist. Die Kranken
Esquirols mit „Daemonomanie“, die Cotard (2) anführt,
sind durch den bösen Geist in ihre traurige Lage gebracht worden. Der einen hatte er ihren Körper fort-
genommen und nur ein Scheinbild übrig gelassen, das
nun ewig auf der Erde bleiben wird. Eine andere ist
seit einer Million Jahre die Frau des grossen Teufels.
Die Kranke Arnauds (6) ist der böse Geist selbst; sie
existiert seit ewiger Zeit und wird niemals sterben.
Andere Kranke halten sich für so verworfen, dass sie
ewig ihr Unglück tragen müssen und niemals im Tode
Ruhe finden können, wie der ewige Jude, der nach der
Legende wegen eines Frevels ewig umherirren muss.
Eine in der hiesigen Klinik beobachtete Kranke äusserte
geradezu, sie fände keine Ruhe mehr, sie müsse die
Geschicke des ewigen Juden teilen.

Zur Entstehung der Sage vom ewigen Juden scheinen
nach Cotard (2) Geisteskranke dieser Form Anlass gegeben zu haben, die sich verurteilt glaubten, wegen eines
derartigen Frevels bis zum jüngsten Gericht auf der
Erde umherzuirren, ohne Ruhe im Tode finden zu können.
In der That hat der ewige Jude die grösste Aehnlich-
keit mit einem Melancholiker, der glaubt, seine fingierten
Vergehungen nun ewig abbüssen zu müssen. Eine ähnliche Idee liegt der Sage vom fliegenden Holländer

zu Grunde. Ueberhaupt spielt der Gedanke, seiner Sünden wegen eine Fortdauer der Existenz ertragen zu müssen, um daraus geläutert hervorzugehen, auch im normalen Geistesleben, das ja den gleichen Gesetzen gehorcht, wie das pathologische eine grosse Rolle. Wir finden ihn z. B. in der buddhistischen Lehre von der Seelenwanderung. Ein und dieselbe Seele muss die verschiedenartigsten Leiber, die von Göttern, Dämonen, Menschen und Tieren, annehmen, bis sie sich endlich das Verdienst erworben hat, diesem Kreislauf entrückt zu werden durch das Nirwana, das Ausgewehtwerden.

Eine interessante Störung erfährt im Anschluss an hypochondrische Wahnideen bei manchen Melancholikern das Persönlichkeitsbewustsein, dieser Komplex von Vorstellungen, Begriffen und Gefühlen, durch den das Individuum sich als ein Ich von andern Individuen, von der Aussenwelt abgrenzt. Das Kind, welches, ohne schon sprechen zu können, schreit, wenn es Unlust empfindet, lacht und mit Armen und Beinen strampelt, wenn es sich freut, stellt sich schon als Einzelwesen seiner Umgebung gegenüber. Wenn es sprechen lernt, spricht es noch, das eine längere, das andere kürzere Zeit, in der dritten Person von sich selber. Erst im weiteren Laufe der Entwicklung nennt es sich Ich und stellt so der übrigen Welt eine ihrer selbst bewussten Persönlichkeit gegenüber. Wie nun bei vielen Psychosen ein Herabsinken des Individuums auf kindliche Stufe, sei es intellektuell, sei es moralisch, zu beobachten ist, so auch bei manchen Melancholikern, die anfangen, in der dritten Person von sich zu sprechen. Die oben erwähnte Kranke von Régis (5), die glaubte, sie sei von Stein, sprach von sich selbst nur mehr mit ça. „Ça est damné, possedé par le diable" etc.

II. Verneinungswahn bei Zuständen psychischer Schwäche.

Ausser bei Melancholie kommen Verneinungsideen,
und zwar hauptsächlich hypochondrischer Natur, bei drei
Krankheiten vor, deren gemeinsamen Grundzug die psychische Schwäche bildet, der Dementia senilis, Dementia
paralytica, und nach Séglas beim Alkoholismus. Für
letzteren habe ich indessen in der mir zu Gebote stehen-
den Litteratur keine entsprechende Beobachtuug finden
können. Es finden sich bei diesen Zuständen geistiger
Schwäche meist blos vereinzelte, abrupte Verneinungsideen, die, ohne irgendwie zusammengefasst zu werden,
lose nebeneinander bestehen. Der Kranke vermag meist
nicht die Konsequenzen aus seinen Wahnideen zu ziehen.
Hat er in einem Moment behauptet, er hätte keinen
Magen mehr, so geniesst er schon im nächsten ohne
jede Schwierigkeit seine Nahrung. Eine komplizierterc
Verneinungsidee, wie der Glaube, nicht sterben zu können,
kommt nach Camuset (15) bei der Paralyse nicht vor.
In gemütlicher Beziehung bleibt der Kranke von seinen
Wahnideeen häufig gänzlich unberührt. — Ein in der
hiesigen Klinik an Dementia senilis leidender Kranke
behauptete eines Morgens, nachdem er das Bett verlassen
hatte: „Das ist gar kein Bett, das ist alles Verblendung.
Ich weiss nicht, ob die Welt noch steht“.

Cotard (3, S. 290 ff.) berichtet die interessante
Krankengeschichte eines Paralytikers, die beweist, dass,
wenn der geistige Verfall noch nicht allzuweit vor-
geschritten ist, der Kranke aus seinen Verneinungsideen
noch Schlüsse ziehen und danach handeln kann. Ein
Auszug aus derselben soll hier mitgeteilt werden:

Pat. 45 J. alt, von kräftiger Konstitution, verheiratet,
Familienvater, hatte stets ein arbeitsames und regelmässiges

Leben geführt. Nachdem er lange Zeit an Kopfschmerzen
und Erbrechen gelitten hatte, bemerkte er 1879 Seh-
störungen, Nebel vor den Augen. Der Augenarzt hatte ihn
nach Untersuchung des Augenhintergrundes aufgefordert,
auf einem Beine sich im Gleichgewicht zu halten, was unmöglich gewesen sei. Er begann nun Charakteränderungen
zu zeigen. Er wurde verstimmt, reizbar, schien von einer
tiefen Traurigkeit befallen zu sein und gab seiner Frau
Ratschläge betreff ihrer Kinder, als ob er von einem nahen
Tode bedroht sei.

Im März 1880 traten Verneinungsideen auf. Er
sagt, dass es keine Nacht mehr gebe und weigert sich,
schlafen zu gehen. Ganze Nächte verbringt er in seinem
Bureau und äussert zu seiner Frau, er könne nicht schlafen
gehen, da es noch Tag sei. Im April 1880 wird er in die
Anstalt eingeliefert; er ist nicht orientiert über Ort und
Zeit, gewöhnlich ruhig und schweigsam. Zeitweise behauptet er, die Leute seiner Umgebung seien Mörder, die
ihn erdrosseln wollten. Er hat Angstanfälle, während deren
er beständig dieselben Worte mit klagender Stimme wiederholt. Er erklärt, er wisse nicht, wer er sei, noch wo er
sei. Er sei nicht verheiratet, habe keine Kinder, keinen
Namen. Er behauptet niemals zu essen und isst trotzdem
sehr viel. Er ist in einer Wüste, wo niemand ist, aus
der er nicht hinauskommen kann, denn es giebt keine
Wagen und keine Pferde mehr. Wenn man ihm ein Pferd
zeigt, sagt er: „Das ist kein Pferd, das ist nichts". Allen
Bemühungen der Wärter leistet er hartnäckig Widerstand.
Er weigert sich, sich anziehen zu lassen, da sein ganzer
Körper nicht grösser sei als eine Haselnuss, weigert sich,
zu essen, da er keinen Mund, zu gehen, da er keine Beine
hat. Er zeigt auf seine Ohren und Nase, indem er sagt;
„Ich habe keine Ohren, keine Nase." Oft sagt er, dass

er tot ist, aber während der Angstanfälle äussert er, er
sei nur zur Hälfte tot und könne niemals fertig werden
mit Sterben.

Sonstige Symptome der Paralyse, Sprachstörungen,
Unsicherheit des Ganges, Ungleichheit der Pupillen, sind
vorhanden. Es treten Grössenideen auf und dann schreitet
der geistige Verfall unaufhaltsam fort.

Die Verneinungsideen, die sich auf Teile des eigenen
Körpers beziehen, können wir wohl auf analoge Weise
erklären wie die bei der Melancholie. War es dort die
psychische Hemmung, so ist es hier der anatomisch nach-
gewiesene Degenerationsprocess, der die niederen Centren,
in welchen die einfachen Empfindungen zustandekommen,
ergriffen hat und so die Perception der von den Organen
herrührenden Erregungen hindert. Die dadurch ent-
stehende Lücke in seinem Körperbilde beantwortet der
Kranke dadurch, dass er die Existenz des betreffenden
Organs leugnet, ja in vorgerückten Fällen behauptet er,
er sei tot und benimmt sich sogar dementsprechend. So
legte sich ein in der hiesigen Klinik beobachteter Kranke
mit den Worten: „Ich bin tot" der Länge nach auf den
Boden, schloss die Augen und blieb unbeweglich, sodass
er getragen werden musste. Im normalen Leben kommt
es ja zuweilen vor, dass jemand sagt: „Ich bin halbtot
vor Schrecken". Aber dies ist blos eine allegorisch
übertreibende Aeusserung, aus der keine Folgen bezüg-
lich des Handelns u. s. w. entspringen. Die Korrektion
des falschen Schlusses bleibt nun hier aus wegen der
psychischen Schwäche.

Nach Kraepelin (16) ist diese charakterisiert durch
verminderte geistige Leistungsfähigkeit und durch verminderte geistige Widerstandsfähigkeit. Durch erstere
kann nun einerseits die ganze Thätigkeit der Apper-

ception aufgehoben werden: Dann ist überhaupt kein eigentliches psychisches Leben mehr vorhanden; die Eindrücke der Aussenwelt gelangen nicht mehr in den Blickpunkt des Bewusstseins. Jede Verknüpfung derselben untereinander oder mit den Erfahrungen der Vergangenheit und somit jede Reproduktion ist unmöglich. Andererseits kann durch die verminderte geistige Leistungsfähigkeit blos die aktive Apperception aufgehoben oder vermindert sein, die passive dagegen erhalten bleiben. Die aktive erhebt nach der Lehre Wundt's von den im Blickfelde des Bewusstseins auftauchenden psychischen Gebilden jeweils eines in den Blickpunkt des Bewusstseins nach Massgabe der allgemeinen Dispositionen des Bewusstseinsinhaltes, wie sie im gegebenen Moment als Resultat der Entwicklungsgeschichte desselben hervortreten. Es findet eine aktive Auswahl zwischen mehreren ziemlich gleich starken psychischen „Gebilden" statt. Bei der passiven Apperception drängt sich eines übermächtig in den Blickpunkt des Bewusstseins. Welches dieses ist, hängt ab von zufälligen Ereignissen in der Aussenwelt oder von associativen Beziehungen der Vorstellungen untereinander. Bei erhaltener passiver und aufgehobener aktiver Apperception ist somit die Auffassung äusserer Eindrücke möglich, allein, wie das Kind zunächst nicht die wichtigen und bedeutenden, sondern nur die auffallenden Dinge in seiner Umgebung wahrnimmt, so wird die Apperception lediglich durch die Intensität der äusseren Eindrücke geleitet, da das Subjekt wegen Aufhebung seiner aktiven Apperception aktiv bei der Auffassung der Vorstellungen nicht mitwirken kann. Die einzelnen Eindrücke stehen daher nicht mehr in jenem inneren Zusammenhang, wie er sich bei der zweckbewussten Auswahl derselben nach einem gemeinsamen Gesichtspunkte darstellt; sie reihen sich unvermittelt aneinander. Die Bildung von komplexen Vorstellungen und Begriffen geht somit hier gar nicht oder nur in sehr ungenügendem Masse vor sich. Dadurch leidet natürlich die Urteilsfähigkeit, die höchste psychische Funktion, ganz ausserordentlich. Eben wegen dieser verminderten Urteilsfähigkeit korrigiert ein Paralytiker nicht den falschen Schluss, keinen Magen mehr zu haben. Ein anderes Moment mag hier noch mitwirken, das zweite Charakteristikum der psychischen Schwäche, die verminderte geistige Widerstandsfähigkeit. Eine geringe Intensität einer Erregung genügt, um sofort eine Vorstellung in den Blickpunkt des Bewusstseins treten zu lassen. Die Aufmerksamkeit wird daher von allem möglichen in der Aussenwelt liegenden Reizen angezogen und wandert in raschem Wechsel von einem zum andern. Infolgedessen ist das Subjekt nicht imstande, dieselbe längere Zeit auf ein einzelnes Objekt anzuspannen, bei einem Gegenstande zu verweilen. Dadurch wird dann wieder die Urteilsfähigkeit herabgesetzt.

In der mitgeteilten Krankengeschichte zog der Paralytiker noch Schlüsse aus seinem Verneinungswahn. Er kann nicht gehen, weil er keine Beine habe, verweigert die Nahrungsannahme, weil er keinen Mund habe. Dies können wir uns wohl so erklären, dass festgefügte Associationen, wie zwischen dem Munde und dem Essen, auch in dem allgemeinen Verfall miteinander verbunden bleiben können, wie ja auch ein Gebäude beim Zusammensturz in grössere oder kleinere zusammenhängende Trümmer zerfällt.

Der Vollständigkeit halber mögen hier noch 2 Fälle von Verneinungswahn bei dem délire des persécutions der Franzosen, das sie allmälig anfangen auch Paranoia

zu nennen, mitgeteilt werden. So eitiert Cotard (3) aus
den Fragments psychologiques sur la folie von Lenret
folgendes charakteristische Zwiegespräch mit einer Kranken, die zahlreiche Hallucinationen hatte, von Unsieht-
baren, von Physik und Metaphysik gequält wurde:
Comment vous portez-vous, madame? La personne de moi-même n'est pas une dame, appelez-moi
mademoiselle, s'il vous plaît. — Je ne sais pas votre
nom, venillez me le dire! La personne de moi-même
n'a pas de nom, elle souhaite que vous n'écriviez pas ...
Quel âge avez-vous! La personne de moi-même n'a pas
d'âge. — Vos parents vivent-ils encore? La personne
de moi-même est seule et bien seule, elle n'a pas de
parents, elle n'en a jamais eu — u. s. f.

Séglas (15) berichtet einen ähnlichen Fall, eine Kranke
der Salpêtrière betreffend. Ohne dass ein melancholischer
Zustand vorhanden gewesen wäre, erscheinen Besessens-
heits- und Verneinungsideen. Die Kranke leugnet alles,
hat keine Organe mehr u. s. w. Alles dies ist das Resultat der Zauberei von Priestern, die sie in Besitz haben,
durch ihren Mund sprechen und durch ihre Augen sehen.
Sie beklagt sich beständig darüber, beschwert sich mit
lauter Stimme und protestiert gegen ihre „Sequestration".
Charakteristisch ist hier, dass die Kranke nicht sich an-
klagt, sondern andere Personen. Sie ist nicht passiv,
niedergeschlagen, sondern protestiert laut gegen das ihr
zugefügte Unrecht.

III. Diagnostische und prognostische Bedeutung des Verneinungswahns und dessen Stellung im System der Psychosen.

In Bezug auf die prognostische Bedeutung des Verneinungswahns bei der Melancholie ist zu bemerken, dass

dessen Auftreten ungünstig ist, da besonders die Leugnung der Existenz der Organe des eigenen Körpers, ja dieses selbst, eine tiefe Störung der ganzen geistigen Persönlichkeit anzeigt. Gehört ja doch das Bild, das wir uns von unserem Körper machen, zu unserem ersten geistigen Erwerb. Viel wichtiger für die Prognose als derartige Wahnideeen ist jedoch sicher der Umstand, dass schwere hereditäre Belastung und hohes Alter sich bei den meisten Patientinnen mit Verneinungswahn finden. Viele verfallen daher unheilbarer geistiger Schwäche. Heilungen sind dagegen auch mit Sicherheit beobachtet. Sehr oft treten aber, wie Kraepelin (7 S. 346) bei Besprechung der Prognose des „depressiven Wahnsinns" erwähnt, selbst wenn die äusserliche Besonnenheit zurückgekehrt ist, die Wahnideen und die ängstliche Verstimmung bei geringfügigen Anlassen wieder auf, oder es bleibt eine dauernde, hochgradige gemütliche Reizbarkeit und Unzufriedenheit zurück.

Baillarger (18) hielt Verneinungsideen für ebenso charakteristisch für progressive Paralyse wie die Grössenideen. Er giebt an, derartige hypochondrische Wahnideen bei Patienten beobachtet zu haben, die noch kein Zeichen von Paralyse darboten, später aber deutlich davon ergriffen wurden. Konstant sei diese Erscheinung durchaus nicht. Séglas (15) hält dieselben nicht für pathognomonisch für progressive Paralyse. Nach Krafft-Ebing (1 S. 659) ist ein Wechsel von „primordialem Grössendelir" mit einem „mikromanischen" zwar nicht häufig, aber dann diagnostisch wichtig für dementia paralytica und senilis.

Nach Camuset (15) ist bei Vorhandensein eines hypochondrischen Verneinungswahns der Verlauf der Paralyse schneller wie sonst. Es lässt sich dies sicher nicht so allgemein behaupten. Verneinungsideen drücken allerdings eine tiefgreifende Störung der geistigen Persönlichkeit aus; jedoch dürfen wir aus einem derartigen Symptom keine allzu weittragenden Schlüsse ziehen in Bezug auf den Verlauf der Krankheit, zumal da derselben so oft ein Ziel gesetzt wird durch eine anderweitige Erkrankung, besonders rechtsseitige Unterlappenpneumonie. Welche Stellung nimmt nun der Verneinungswahn im System der Psychosen ein? Er kommt vor bei schwerer Melancholie und bei Zuständen geistiger Schwäche und lässt sich aus den charakteristischen Eigentümlichkeiten beider Krankheitsgruppen ganz gut herleiten. Es ist somit klar, dass er lediglich als Symptom zu betrachten ist, dass bei Kranken dieser Art zuweilen vorkommt. Von französischer Seite ist aber diese Frage ziemlich kompliciert worden durch das von Cotard (3) 1882 aufgestellte délire des négations, dessen Geschichte und Stellung im folgenden kurz erörtert werden soll.

Vorher finden sich in der deutschen und französischen Litteratur hier und da zerstreut einzelne Beobachtungen von Verneinungswahn. So äussern die Kranken von Leuret und Esquirol, wie oben erwähnt, derartige Ideen. Baillarger (18), Griesinger (12), der von den französischen Autoren häufig citiert wird, und Emminghaus (13) berichten von solchen Beobachtungen, von denen einiges oben mitgeteilt ist. Da veröffentlichte Cotard (2) 1880 die ausführliche Krankengeschichte einer Patientin, die von einer schweren Melancholie mit délire de negation, wie es Cotard beiläufig nennt, befallen war.

Am Schlusse dieser Arbeit wirft er die Frage auf, ob man von der mélancolie auxieuse grave nicht eine Art von Melancholie abtrennen solle, die charakterisiert wäre durch folgende Symptome:

1. melancholische Angst,

2. Idee der Verdammnis und Besessenheit,
3. Neigung zu Selbstmord und zu Selbstverstümmelungen,
4. Analgesie,
5. hypochondrische Ideeen der Nichtexistenz oder Vernichtung verschiedener Organe des ganzen Körpers, der Seele, Gottes u. s. w.,
6. die Idee, niemals sterben zu können.

1882 besprach dann Cotard (3) diese einzelnen Symptome genauer und schlug für das ganze Krankheitsbild den Namen „délire des négations" vor, das er genau von dem délire des persécutés abtrennte. Hierbei laufen ihm nun verschiedene Ungenauigkeiten mit unter. Abgesehen davon, dass er den Ausdruck délire des négations bald braucht zur Bezeichnung des Symptoms bei Paralyse und Dementia senilis, bald zur Benennung des ganzen eben charakterisierten Symptomenkomplexes, stellt er auf der einen Seite das délire des négations hin als „un état de chronicité spécial à certains mélancoliques auxieux dont la maladie est devenue continue", auf der anderen trennt er es scharf ab vom délire des persécutions, das wir Paranoia nennen. Er subsummiert also dies Krankheitsbild bald unter den Begriff der Melancholie, bald trennt er es ab von einem der Melancholie gleichgeordneten Begriffe, der Paranoia. Toulouse (9) scheint diesen Punkt andeuten zu wollen, wenn er spricht „d'une indécision probablement voulue, de Cotard". In der Folge wurde nun viel gestritten darüber, ob Cotard habe mit seinem délire des négations einen neuen Krankheitsbegriff aufstellen wollen, besonders auf dem Congrès (15) des médecins aliénistes de France in Blois 1892. Camuset, der über das délire des négations referierte, teilte 28 Fälle mit, die er gesammelt hatte. Sehr oft fehlte das eine oder andere Symptom von dem Krankheitsbilde Cotards. Ob Cotard dies habe als selbständig hinstellen wollen, darüber lässt er sich nicht aus. Régis erklärt ausdrücklich, dass Cotard das nach seinen Hauptelementen sogenannte délire des négations nicht habe als besonderes Krankheitsbild hinstellen wollen, sondern dass er es nur betrachte „comme un état psychique propre aux auxieux chroniques". Garmier hält das délire des négations blos für ein Symptom der Melancholie; Charpentier erklärt geradezu, dass am délire des négations blos das Wort neu sei. Die anderen Kongressteilnehmer, besonders Séglas, acceptierten im allgemeinen die Anschauungen Cotards. Toulouse (9) hält das délire des négations auch für kein besonderes Krankheitsbild, sondern für ein Symptom der Melancholie mit Angst. Er glaubt, dass man nur mit Uebertreibung behaupten könne, der Autor habe daraus eine selbständige Krankheit machen wollen.

Ganz das gleiche Krankheitsbild, das Cotard nach dem einen merkwürdigen Symptom délire des négations nennt, beschreibt Kraepelin (7 S. 340 ff.) unter der Bezeichnung: depressiver Wahnsinn. Er ist „gekennzeichnet durch die subacute Entwicklung phantastischer, meist mit vereinzelten Sinnestäuschungen einhergehenden Wahnideen bei gleichzeitiger depressiver Verstimmung." Angst, ungeheuerliche Versündigungsideen, Verneinungswahn, die Idee unsterblich zu sein, Neigung zu Selbstmord und Selbstverstümmelung, alles kommt hierbei vor. Zum vollständigen délire des négations Cotards fehlt blos die Erwähnung der Analgesie.

Nach Kraepelin spielt beim „depressiven Wahnsinn" die Belastung eine grössere Rolle als bei der einfachen Melancholie. In klassischer Ausbildung tritt er beim weiblichen Geschlecht zwischen dem 40. und 60. Lebens-

3*

jahr auf, ist somit neben Melancholie die typische Psychose
des Klimakteriums. Kraepelin hält ihn daher für die
Reaktionsform eines nicht mehr ganz „rüstigen" Gehirns
auf eine Erkrankung an Melancholie, für den Uebergang
zu senilen Demenzzuständen. Von der Melancholie unterscheidet er ihn durch die überaus phantastische Entwicklung der intellektuellen Störungen, von den senilen Demenzzuständen durch die grössere Intensität der Affekte.
Diesen „depressiven Wahnsinn" oder das délire des
négations der Franzosen blos deshalb von der Melancholie
abzutrennen, weil die intellektuellen Störungen hier mehr
in den Vordergrund treten und weil die Belastung eine
grössere Rolle spielt als bei der Melancholie, ist wohl
kaum gerechtfertigt. Charakteristisch ist ja in jedem
Falle die melancholische Verstimmung, die das Krankheitsbild beherrscht. Zwischen einer Melancholie, bei
der ja auch die Belastung eine Rolle spielt, mit Versündigungsideen, die oft phantastisch genug sind, und
dem „depressiven Wahnsinn" mit seinen ungeheuerlichen
Wahnideen, die gewiss zum Teil ihre Entstehung der
Belastung und der senilen Degeneration verdanken, sind
doch wohl blos graduelle Unterschiede.

Es folgen jetzt noch die eingangs erwähnten Kranken-
geschichten, von denen nur das Wesentliche und auf unser
Thema Bezügliche mitgeteilt werden soll.

1. Therese B., 65 J. alt, Witwe.

Melancholie. Keine Belastung. Vor 19 J. 10 Monate, vor
8 J. 6 Monate lang in Illenau wegen Melancholie behandelt.
Seit Okt. v. J. Schlaflosigkeit, Appetitmangel, Depression,
Angst, Unlust zur Arbeit, innere Unruhe, Selbstvorwürfe und
Lebensüberdruss. Infolgedessen am 28. Dez. 1894 Selbst-
mordversuch; am nächsten Tage Aufnahme in die Klinik.

Im Verlaufe einer Melancholie mit Selbstvorwürfen,

sehr gedrückter Stimmung, schlechter Nahrungsaufnahme und gestörtem Schlafe äussert Patientin einmal: „Ich mein', die Sonne geht gar nicht auf".

2. Ida R., 46 J. alt, Witwe. Melancholie. Der Vater starb 70 J. alt, nachdem er die letzten 2 Jahre kindisch gewesen war; die Mutter starb 64 J. alt an einem Rückenmarksleiden. Ein Bruder soll ein Original sein. 1889 war Patientin, die nach einem grossen Vermögensverluste zu Schwermut neigte, 4 Wochen lang in einer Anstalt und wurde gebessert entlassen. Mitte Juli 1890 besuchte Patientin das Grab eines ihrer Stiefsöhne, wegen deren Tode sie sich Selbstvorwürfe machte. Seitdem brütete sie still vor sich hin, schrie aber zuweilen laut auf, klagte, sie müsse jetzt ihren Geiz und ihre Hartherzigkeit büssen, fände keine Ruhe mehr, müsse das Geschick des ewigen Juden teilen. Am 25. Juli 1890 Aufnahme in die Klinik.

Während des Verlaufs einer Melancholie mit Selbstvorwürfen und Angst äussert sie eines Tages, während sie ängstlich zum Fenster hinaussieht, es sei alles draussen so verändert; schon in dem Zug, in welchem sie gekommen, seien keine Leute gewesen; draussen sei alles anders, alles so klein, das Haus so niedrig, die Berge so niedrig; die Vögel fliegen auch ganz anders wie früher, fallen immer gleich herunter. An allen diesen Veränderungen glaubt Patientin sich schuldig. Ein andermal meint sie, es klinge alles so hohl, besonders die Eisenbahn, die auch ganz leer sei. Es sei ihr, als ob die Eisenbahn manchmal über sie weg führe. Früher sei es ihr einmal gewesen, als fehle vor ihr ein Stück Raum, welche Kluft sie habe überspringen müssen. Sie hat die Gewissheit, dass der Weltuntergang bevorstehe und sie ist schuld daran. Ueberall ist sie gequält und in der Gegenwart lebt sie nicht. Sie ist an

allem Unglück in der Welt schuld, das Weltungeheuer und
am liebsten aus der Welt.

Am 21. Nov. 1891 ungeheilt in Familienpflege entlassen.

3. Sophie W., 34 J. alt, Witwe.

Melancholie. Mutter und eine jüngere Schwester an
Rückenmarksschwindsucht gestorben. Unglückliche Ehe,
da der Ehemann, ein excentrischer, zeitweilig sehr roher
Mensch, sich übermässigem Branntweingenuss ergab. 6 Kinder, von denen 4 früh starben. Rückgang des Geschäfts,
Familienzerwürfnisse. Seit mehreren Monaten tiefe Schwermut und Neigung zum Selbstmord, wohl hauptsächlich
wegen der brutalen Behandlung von seiten ihres Mannes.
Am 30. April 1893 traf sie ihren Dienstbuben an, als er
mit ihrer 13jährigen Tochter unzüchtige Handlungen ver-
übte und war darüber so erschüttert, dass sie einen energi-
schen Selbstmordversuch machte. Nach 3 Tagen tötete der
Mann diese Tochter und dann sich selbst; an allem Unglück
glaubte Patientin selbst schuld zu sein. Ihre andere Tochter
suchte sie im Bett zu verbrennen. Aufnahme in die Klinik
am 23. Mai 1893.

Patientin behauptet im Verlaufe der Melancholie einmal, gesehen zu haben, wie der Assistenzarzt sich vor ihren
Augen verändere; einmal habe er einen schwarzen, dann
wieder einen blonden Vollbart gehabt. Auch die Bäume
und Sträuche im Garten veränderten sich und seien nur
künstliche Gewächse. Ihr ganzes bisheriges Leben sei nur
ein Traum gewesen. Sie wisse sehr wohl, dass das nur
dumme Gedanken seien, müsse sie aber doch aussprechen.

Am 22. Febr. 1894 in die Kreispflegeanstalt entlassen.

4. Franziska F., 34 J. alt, ledig.

Melancholie. Vater, der an Schwermut litt, tötete
sich durch einen Schnitt in den Hals.

Seit Herbst 1892 melancholische Verstimmung wegen eines gescheiterten Heiratsprojektes. Am 18. Febr. 1893 Aufnahme in die Klinik.

Im Verlauf einer Melancholie mit Selbstvorwürfen, zeitweilig lautem Klagen und Jammern taucht die Idee auf, ihr Bruder sei nicht mehr am Leben. Auch der Besuch der Frau ihres Bruders kann sie nicht vom Gegenteil überzeugen. Sie erklärt gleich nachher, die Ortschaften seien nicht mehr da, die Häuser seien verschwunden, die anderen Patienten könnten nicht mehr fort von hier, weil keine Häuser mehr da seien; sie selbst werde nie mehr gesund werden. Durch den Besuch ihres Bruders wird sie später davon überzeugt, dass er noch am Leben sei.

Am 16. Febr. 1894 geheilt entlassen.

5. Emmeline B., 57 J. alt, Witwe.

Melancholie. Ein Bruder ertränkte sich, nachdem er durch Spekulationen Verluste erlitten. Eine Schwester des Grossvaters soll geisteskrank gewesen sein. Sonst von Geistesstörungen in der Familie nichts bekannt. Wegen einer Verschlechterung im Geschäft des Sohnes viel Kummer. Im Jahre 1893 zunehmende traurige Verstimmung, Selbstmordgedanken, Idee, die Angehörigen aus der Welt zu schaffen, um sie den Sorgen zu entheben. Am 4. Nov. 1893 Aufnahme in die Klinik.

Patientin behauptet, sie sei nicht Frau B., sondern Frau T. Entsinnt sich ihrer zweiten Heirat nicht mehr. Sie äussert, dass sie daran schuld sei, dass aus allen Brücken die Nägel herausgezogen seien und deshalb Unglück geschehe. Es kommt ihr so vor, als ob alles, was sie sähe, gar nicht da sei. Sie kann nicht glauben, dass draussen das Freiburger Münster sichtbar sei. „Wie können Sie lachen, wenn alle Häuser zusammenfallen?" „Die Häuser sind krumm und schief, die Betten sind alle fortgeflogen,

die Schrauben aus den Brüeken gefallen." Als die Korri-
dorfenster zum Waschen ausgehoben sind, ruft sie: „O weh,
jetzt sind alle Fenster fort." Sie macht einen Selbstmord-
versueh und giebt als Grund an: „Es ist mir verleidet und
unheimlich hier, es sind gar keine Betten mehr da."
Am 30. Okt. 1894 in Familienpflege ungeheilt entlassen.

6. Barbara B., 68 J. alt, Witwe.

Akute hallucinatorische Verwirrtheit. Keine Belastung.
Früher Unterleibsentzündungen, Gebärmutterblutungen,
Venenentzündungen, Magenkatarrh und Rheumatismus. Im
Ansehluss an eine langdauernde Influenza und Magenkatarrh
plötzlieh vor 14 Tagen Depression und Neigung zu Selbstmord, dann Gewaltthätigkeit, Sinnestäuschungen und Nahrungsverweigerung. Aufnahme in die Klinik am 13. Mai
1894.

Patientin total verwirrt. Als sie untersucht werden
soll, sagt sie, das habe keinen Wert, es sei doch sehon
alles tot in ihr. Später zusammenhangloses delirantes Reden:
„Nieht trinken dürfen." Sehr viele Negationen.

Am 22. Juli 1894 exitus letalis. Oedema eerebri,
braune Atrophie des Herzmuskels. Bronchitis, hypostatische
und katarrhalisehe Pneumonie.

7. F. Miehael B., 73 J. alt, Witwer.

Dementia senilis, Hypoehondrie. 2 Verwandte geisteskrank. Vor einem Jahre allmäliger Beginn der Krankheit
mit Verfolgungswahn, Hallueinationen, Neigung zu Selbstmord, Unruhe, Sehlaflosigkeit. Naehdem diese Symptome
dann für einige Monate wieder verschwunden waren, kehr-
ten sie allmälig wieder. Aufnahme in die Klinik am 24. Nov.
1893.

Patient äussert hypoehondrische Wahnideen: in seiner
Brust, in seinem Kopf ist alles von Eisen, sein Rückgrat

ist wie eine eiserne Stange. Dann Verneinungsideen:
Nachdem er das Bett verlassen, sagt er: „Das ist gar kein
Bett, das ist alles Verblendung. Ich bin gar nicht auf der
Welt." „Heute Nacht wird das Haus einfallen."
Am 7. Mai 1894 Exitus letalis an Pneumonie und Cystitis.

8. Veronika V., 66 J. alt, ledig.
Dementia senilis. Eine Tante starb geisteskrank. Seit
2—3 Jahren Schlaflosigkeit, Kopfschmerzen, Depression,
Gereiztheit, Schwindel, Abnahme des Gedächtnisses und
der Intelligenz, Krampfanfälle. Sie klagt über Summen
und Musicieren der ganzen linken Kopfhälfte. Aufnahme
in die Klinik am 24. April 1892.

Nach einigen Monaten zeigt Patientin Kleinheits- und
Versündigungswahn. Mit monotoner Stimme wiederholt
sie: „Ich bin tot, ich lebe ja gar nicht mehr, mir ist nicht
zu helfen, ich bin tot". Anfang Dezember 1893 behauptet
sie, es gehe ihr schlecht, sie sei schon gestorben. Auf
den Einwand, sie könne ja noch essen und sprechen, er-
widert sie: „Das macht nichts." Diese Idee äussert sie
noch oft, das letzte Mal Ende Mai 1894.
Entlassen am 11. Okt. 1894.

9. Ludiger W., 43 J. alt, verheiratet.
Diffuse Hirnsclerose. Keine Belastung; angeblich plötz-
licher Beginn der Erkrankung. Wegen Unruhe und Zer-
störungstrieb am 4. Nov. 1887 der Klinik überwiesen.

Bei der Aufnahme ist Patient verwirrt. Hallucinationen oder Illusionen scheinen nicht zu bestehen. Am andern
Tage behauptet er, er sei tot und beharrt bei dieser Idee.
Man habe ihn die ganze Nacht eingesperrt und ihm nichts
zu essen gegeben, da sei ihm das Herz heruntergefallen.
Am Abend wird er sehr heiter und behauptet, er fühle
sich glücklich, dass er wieder lebendig geworden sei. Am
nächsten Morgen ist er wieder tot. Er legt sich häufig

der Länge nach auf den Boden, schliesst die Augen und
ahmt einen Todten nach. Er wird deshalb in eine Zelle
gebracht und auf einen Strohsack gelegt. Sofort erscheint
er wieder oben am Zellenfenster und ruft: „Lasst mich
hinaus, ich bin wieder lebendig“. Während ungefähr einer
Woche ist er bald tot, bald lebendig. Einmal sagt er:
„Jetzt lauf ich tot im Zimmer herum“ und wundert sich
darüber. Auch sonstige Verneinungsideen äussert er: er
hat keinen Magen mehr, seit einem Jahr keinen Stuhlgang
mehr, kein Gesicht, keinen Hals mehr. Das Essen geht
alles unten (er zeigt auf die Nabelgegend) heraus. Deshalb kann er nicht essen, legt, nachdem er 3 Löffel Suppe
gegessen, den Löffel weg und isst nichts mehr. Er ist
bald absolut, bald relativ abstinent; einmal kann er nicht
essen, weil die Beine ab sind. Der Magen ist zersprungen,
Herz, Lunge, alles ist da unten (er zeigt auf den Unter-
leib). Eine versuchte Untersuchung des Muskelsinns ist
resultatlos, da Patient, sowie man ihm befiehlt, eine Ex-
tremität zu berühren, behauptet, er habe dieselbe nicht.
Exitus letalis am 29. Nov. 1887 an Erysipelas capitis
et faciei.

Zum Schlusse spreche ich meinem hochverehrten
Lehrer, Herrn Professor Dr. Emminghaus, meinen ver-
bindlichsten Dank aus für die Zuweisung dieser für mich
sehr interessanten und lehrreichen Arbeit.

Litteratur-Verzeichnis.

1. v. Krafft-Ebing: Lehrbuch der Psychiatrie, 4. Aufl.
Stuttgart 1890.
2. Cotard: Du délire hypochondriaque dans une forme
grave de la mélancolie anxieuse.
Annales médico - psychologiques. Sixième serie,

tome quatrième, Trente-huitième année. Paris 1880, S. 168.

3. Cotard: Du délire des négations.
   Archives de Neurologie. Tome quatrième. 1882, S. 152ff. und 282ff.

4. Séglas et Sourdille: Mélancolie anxieuse avec délire des négations.
   Annales médico-psychologiques. Septième série, tome dix-septième, cinquante et unième année. Paris 1893, S. 192.

5. Régis: Note historique et clinique sur le délire des négations.
   Gazette médicale de Paris 11 Février 1893.

6. Arnaud: Sur le délire des négations.
   Annales médico-psychologiques. Septième série, tome seizième, cinquantième année. Paris 1892, S. 387.

7. Kraepelin: Psychiatrie. 4. Aufl. Leipzig 1893.

8. Séglas: Séméiologie et pathogénie des idées de négation. Les altérations de la personnalité dans les délires mélancoliques.
   Annales médico-psychologiques. Septième série, tome dixième, quarante-septième année. Paris 1889, S. 5.

9. Toulouse: Le délire des négations.
   Gazette des hopitaux civils et militaires. Jeudi 16 Mars 1893, N. 32.

10. Cotard: Perte de la vision mentale dans la mélancolie anxieuse.
    Archives de Neurologie. Tome septième. 1884, S. 289.

11. Wundt: Logik. 2 Bde. 1. Band: Erkenntnislehre. Stuttgart 1880.

12. Griesinger: Die Pathologie und Therapie der psychischen Krankheiten. 4. Aufl. Braunschweig 1876.

13. Emminghaus: Allgemeine Psychopathologie zur Einführung in das Studium der Geisteskrankheiten. Leipzig 1878.

14. Cotard: Du délire d'énormité. Société médico-psychlogique, séance du 26 Mars 1888. Annales médico-psychologiques. Septième série, tome septième, quarante-sixième année. Paris 1888, S. 465.

15. Congrès des médecins aliénistes de France et des pays de langue française. Archives de Neurologie No. 71. Tome vingt-quatrième. 1892, S. 280 und Gazette hebdomaire de Médecine et de Chirurgie, Le Mercredi médical 10 août 1892. No. 32. S. 377.

16. Kraepelin: Ueber psychische Schwäche. Archiv für Psychiatrie und Nervenkrankheiten XIII. Bd. Berlin 1882, S. 382.

17. Wundt: Grundzüge der physiologischen Psychologie. 4. Aufl. 2. Bd. Leipzig 1893.

18. Baillarger: Note sur le délire hypochondriaque considéré comme symptome et comme signe précurseur de la paralysie générale. Annales médico-psychologiques. Tome sixième. Paris 1860, S. 509.

19. Séglas: Mélancolie auxieuse avec délire des négations. Le progrès médical 12 Novembre 1887. Quinzième année, deuxième série, tome sixième No. 46.

20. Ritti: Note sur un cas de délire des négations. Annales médico-psychologiques. Septième série, tome dix-septième, cinquante et unième année. Paris 1893, S. 259.

www.ingramcontent.com/pod-product-compliance
Lightning Source LLC
Chambersburg PA
CBHW021549270326
41930CB00008B/1425